PENSAMIENTOS DEL PASTOR POTTER

VOLUMEN II.

Ellis Potter

© 2021 ELLIS POTTER

Sin limitar los derechos de autor reservados aquí, no se permite la reproducción del contenido de este libro, ni total ni parcialmente, sin el previo permiso escrito del autor, excepto cuando la ley lo permita y con la excepción de citas incorporadas dentro de artículos de crítica y revisión. Tampoco se permite guardar o transmitir el contenido de este libro de forma electrónica mecánica o de copia. Para cualquier información, contacte: info@destineemedia.com

Se ha tenido especial cuidado en citar datos originales y derechos de autor en las citas mencionadas de este libro. En caso de que se encontrara algún error, el editor estará agradecido de recibir documentación escrita que corrija el error para poder ser rectificado en posteriores impresiones.

Publicado por: Destinée Media
www.destineemedia.com

Cubierta diseñada por Peter Wonson
Cubierta e interior por Istvan Szabo, Ifj.
Formato por Istvan Szabo, Ifj.
Traducido por Noemi Read
Corregido por: Silvia Sánchez

Todos los derechos reservados por el autor.
ISBN: 978-1-938367-67-0

Índice de Capítulos

Introducción 8
90%>100% 10
200% Realidad 11
Acércate a Dios 12
Actividades espirituales 13
Amar al prójimo es amar a Dios 14
Amén 15
Amor y confianza 16
Amor incondicional 17
Ángeles 18
Apego y libertad 19
Aprendiendo de nuestras emociones 20
Autorreferencia 21
Ayuno 22
Belleza 23
Blasfemia 24
Bondad personal 25
Casualidad 26
Causa y efecto 27
Ciberespacio 28
Ciudadanía en el Cielo 29
Cómo sabemos y conocemos 30

Comunión 31
Conexiones espirituales............................32
Confianza y seguridad 33
Confianza y pánico 34
Consuelo 35
Cultura 36
Dad gracias en todo tiempo 37
Desconfianza...38
Desobediencia Civil...................................39
Dos clases de personas 40
Egoísmo santo 41
Enfado y paranoia 42
¿En paz o indiferente? 43
Entretenimiento y educación 44
El cristianismo es normal y corriente 45
El Espíritu sopla y vuela 46
¡El fin se acerca! 47
El guardador de nuestro hermano 48
El problema del bien 49
El problema del mal 50
El significado del significado 51
El Templo del Espíritu Santo 52
Examinadlo todo 53
Fundamentalismo 54
Jesús es la respuesta...................................55

Justicia y amor	56
Justificación	57
Igualdad	58
Información	59
Invertir en la oración	60
La gente es buena	61
La gracia	62
La hospitalidad	63
La ley de Dios sobre el amor	64
La oración y el ciclismo	65
Las promesas de Dios	66
Leer y escuchar	67
Libertad para fracasar	68
Límites de la libertad	69
Los deseos del corazón	70
Migración	71
Nada es seguro	72
No lo sé	73
Océano	74
Orgullo	75
Pacto	76
Palabras y Sentimientos	77
Parábola de la madre y el niño	78
Parábola del dolor y la sanidad	79
Parábola de una víctima	80

Patriotismo cristiano 81
Pobre 82
Polémico 83
¿Por qué? 84
Predestinación 85
Preguntas y bendiciones 86
Probar y tentar 87
Querer lo que Dios quiere 88
Raza 89
Relevante 90
Religión o idolatría 91
Religión 92
Restricciones 93
Revelación 94
Riesgo y confianza 95
Sabiduría 96
Santificado sea Tu Nombre 97
"Sé lo que me gusta" 98
Sigue los deseos de tu corazón 99
Suerte 100
Tierra, Aire, Fuego y Agua 101
¿Uno, dos o tres? 102
Valor y deseo 103
Varón y hembra 104
Victoria durante la COVID 105

Vocación 106
¿Y qué pasa con aquellos que nunca han oído? (Parte I) 107
¿Y qué pasa con aquellos que nunca han oído? (Parte II) 108

Introducción

Las restricciones de la COVID han continuado durante el año 2021, al igual que los emails diarios que he enviado a la iglesia que pastoreo en Lausana. Cada email contenía pasajes bíblicos para la lectura y un pensamiento pastoral, los cuales han sido recopilados para la creación de este segundo libro de 100 pensamientos.

La mayoría son mis propios pensamientos, pero algunos son adaptaciones de otros que he leído y he cambiado, añadiendo mi propia aplicación y perspectiva. Pueden ser usados como meditación personal diaria o en discusiones de grupo y en cualquier orden preferido.

El libro está formado por 100 pensamientos, en 100 palabras (en el original), cubriendo 100 páginas. Puedes leer una página cada día durante tres meses y volver a empezar.

Los pensamientos varían en cuanto a su importancia, amplitud y profundidad. Es posible que algunos de los pensamientos "menos" importantes sí sean importantes para ti, dependiendo de la condición o situación en la que te encuentres. Se trata de pensamientos breves de los cuales se podría decir mucho más. Son un punto de partida.

Se han condensado para que quepan en un párrafo de unas 100 palabras cada uno (en inglés). Se deben leer como un poema en prosa, un Haiku extenso.

Muchos de estos pensamientos surgieron a partir de preguntas que hizo la gente. Algunos te serán obvios o familiares. Algunos serán nuevos para ti.

No todo el mundo estará de acuerdo con todos los pensamientos. No te preocupes; tan sólo medita en ellos y ora. O escribe otro mejor sobre el mismo tema. Muchos de los pensamientos se basan en estudios bíblicos, pero no doy referencias porque hay demasiadas. Los pensamientos son bíblicos, pero no siguen una denominación o una tendencia política.

Algunos de estos pensamientos se encuentran en el contenido de mis otros libros.

Ellis Potter, Basilea 2021

90%>100%

"90% es mayor que 100%" no es una ecuación correcta en el tiempo y espacio matemático. Pero es una maravillosa realidad en el Reino de Dios. Dar el diezmo no es un mandamiento en el Nuevo Testamento, pero el dar generosa y alegremente sí lo es. Cuando apartamos el 10% de nuestro salario (en bruto o neto) para darlo a otros de forma regular o espontánea, estamos haciendo una inversión eterna. También parece que misteriosamente nos trae paz y seguridad financiera aquí y ahora. Muchos cristianos temen hacer ese tipo de inversión porque su fe es débil. No lo consideres un sacrificio sino una inversión. Pruébalo.

200% Realidad

La ciencia naturalista nos ha enseñado que la realidad es 100%. Pero si ponemos cosas como la Soberanía de Dios y el libre albedrío de las personas en un gráfico circular, no se puede dividir bien. Acabamos sin soberanía ni libre albedrío. La Biblia añade una realidad del 100%. Si usamos un gráfico circular de tres dimensiones, compro-bamos que hay un nivel de soberanía del 100% y un nivel de libre albedrío del 100%. La soberanía y el libre albedrío no compiten por espacio, sino que se complementan en una relación matrimonial. Los cristianos no son iguales a Dios. Están comprometidos al 100%.

Acércate a Dios

Al final de un dramático testimonio personal en el Salmo 73, Asaf escribió "Pero en cuanto a mí, el acercarme a Dios es el bien". Dios siempre se acerca a nosotros desde el Cielo. Podemos acercarnos a Él cuando le recordamos y nos elevamos hacia Él, recordando que continuamente nos da vida, nos protege, nos guarda y nos ayuda. En las batallas y las tensiones de la vida, acordarnos de Él y de Su gran amor por nosotros nos estabiliza y nos da una perspectiva realista. Sigue con Él día y noche.

Actividades espirituales

El Jesucristo resucitado y glorificado es nuestro único ejemplo de una vida espiritual verdadera. ¿Qué fue lo que hizo? Comió y bebió (Lucas 24:36-44, Hechos 1:4). Enseñó historia (Lucas 24:13-27). Trabajó, usó su creatividad y practicó la hospitalidad (Juan 21:4-13). Comer, beber, enseñar, ser creativo y practicar la hospitalidad son actividades espirituales de los cristianos. Las actividades naturales se vuelven espirituales cuando se conectan con lo sobrenatural a través de la oración, la gratitud y la bendición de Dios. Nuestra vida religiosa o ceremonial es parte del resto de nuestras vidas, las cuales son reales y espirituales en igual medida. Espiritual significa ser totalmente real, restaurado, no dividido.

Amar al prójimo es amar a Dios

Había una vez una persona que creía en Dios y quería amarle. Por ello, empezó a leer la Biblia, a ir a la iglesia y a practicar disciplinas religiosas. Era una persona con gran celo por la verdad de Dios, hablando y corrigiendo a cualquiera que estuviera equivocado. Intentó con todas sus fuerzas ser un modelo de integridad religiosa. Pero había un vacío en su corazón. Entonces empezó a amar a Dios cuando amó y sirvió a sus vecinos y fue así como el gran vacío fue lleno de un profundo y apacible gozo que le llenó de vigor.

Amén

"Amén" es una palabra hebrea que significa "sí" o "así sea". Cuando oramos con otras personas decimos "Amén" si estamos de acuerdo con sus oraciones y no decimos "Amén" si disentimos o no estamos seguros. Cuando oramos solos, "Amén" es como la firma al final de una carta. Cuando otros oran o declaran algo, decir "Amén" es como si firmáramos su carta. Decir "Amén" no debería ser automático o sin sentido. Amén no significa "vale" o "bueno". Significa "sí". Debemos ser responsables delante de Dios para escuchar atentamente las oraciones o afirmaciones de la gente y asentir o disentir con ellos.

Amor y confianza

Dios nos ama y podemos confiar en Sus promesas; pero no en aquellas otras que hayamos imaginado. El efecto del amor de Dios por nosotros depende de que lo recibamos. Siempre debemos amar a nuestro prójimo. La confianza es algo diferente. Todos estamos quebrantados y distorsionados por el pecado. Debemos confiar en los demás dentro de los límites de sus capacidades. No debemos demandar demasiado. Si una persona es cleptomaníaca, debemos amarla y no esperar que vaya a superar su problema inmediatamente. La confianza insensata puede empeorar las cosas.

Amor incondicional

Las emociones varían según las condiciones externas o internas. El amor es mucho más que las emociones. Amar significa tomar la decisión de apoyar y de estar disponible a la persona amada para que llegue a ser la persona que Dios quiere que sea. La disponibilidad de Dios para hacernos a Su imagen es constante y perfecta. La efectovidad del amor de Dios y de nuestro amor depende del deseo que tenga el amado de recibirlo. Las emociones pueden ayudar o inhibir el verdadero amor. El amor no es algo que nos sucede. Es algo que escogemos. Intenta escoger el amor en toda circunstancia.

Ángeles

Las partes naturales y las sobrenaturales de la realidad están interconectadas. Los ángeles (Malaquías) son mensajeros de Dios. La gente ve ángeles en distintas formas: en el fuego, en una voz, en una persona con o sin alas. Lo sobrenatural actúa en lo natural de forma impredecible. La mayoría de las personas viven alguna experiencia con ángeles, a veces sin saberlo. Los ángeles pueden manifestarse de manera física, pueden intervenir en el espacio físico e incluso pueden comer con otras personas. Los ángeles introducen lo sobrenatural en lo natural para enseñar, advertir, animar, anunciar. Es bueno estar abierto a los mensajeros de Dios. Cuando llevas la Palabra de Dios y Su Gracia a otras personas estás sirviendo como un ángel.

Apego y libertad

Había una vez un hombre que sabía por fe y por experiencia en su vida que el deseo y el apego traen sufrimiento. Esperaba que, tras muchas vidas, conseguiría liberarse al obtener unidad absoluta. El creador no-creado, uno y muchos, se encontró con él y prometió darle un nuevo ser. El creador no-creado se dio por completo al hombre y éste se convirtió en un ser nuevo centrado en el otro, no en sí mismo. Entonces se despertó y se dio cuenta de que podía desear la Verdad y conectarse con sus seres amados sin sufrir eternamente. Su liberación fue un regalo no un logro.

Aprendiendo de nuestras emociones

Dios creó nuestras emociones. Son muy valiosas y aprendemos mucho de ellas. De igual manera, el pecado las ha estropeado y quebrado y a menudo nos engañan. Las emociones nos enseñan mucho acerca de nosotros mismos- nuestros deseos, gustos, temores y placeres. Las emociones y las experiencias son la mitad de la verdad. La otra mitad son los hechos y el significado, los cuales son independientes de nuestras emociones y experiencias y las complementan. Matar nuestras emociones es matarnos a nosotros mismos. El igualar nuestras emociones con la Palabra de Dios y la Verdad es conocer el bien y el mal y morir.

Autorreferencia

La autorreferencia se considera algo positivo, especialmente en el arte. De hecho, autorreferente es otra forma de decir pecado y muerte. Dios es absoluta y eternamente referente hacia el otro. El referente de Jesús no es Él mismo, sino el Padre y el Espíritu. Adán y Eva fueron creados referentes el uno al otro. Sus referencias eran Dios y el otro. Se volvieron autorreferentes al conocer el bien y el mal por sí mismos, independientemente. Dios es Amor. El amor no es autorreferente. La vida sólo existe en Dios y en el Amor. Permite que el Espíritu Santo te haga cada vez más referente hacia el otro y recibe más y más vida de Dios.

Ayuno

El ayuno se da por sentado en la Biblia como parte de la vida cristiana. Podemos hacer ayuno de comida, de conversaciones, de la lectura, del tiempo frente a una pantalla, del internet y de otras cosas. El ayuno se practica normalmente por razones especiales, como el arrepentimiento, la acción de gracias, las decisiones sobre un trabajo o una pareja, el unirse a una iglesia o la preparación para los estudios. Se puede hacer para nosotros mismos o para otros. El ayuno nos hace débiles y nos ayuda a darnos cuenta de nuestra necesidad de Dios. También nos agudiza la mente y nos ayuda a orar y a recibir la guía divina. El ayuno no es algo mágico y no debería convertirse en una competición olímpica espiritual. No debe ser abusado para que no dañe nuestra salud.

Belleza

El diccionario nos dice que la belleza es algo atractivo, principalmente a la vista, pero también en su utilidad o conveniencia. Esa clase de belleza es algo completamente subjetivo para un individuo o para una cultura. La Biblia pone la belleza dentro del contexto de la santidad o de aquello que es atractivo a Dios: la humildad, la fidelidad, la obediencia, el servicio. Jesús no era físicamente atractivo en su cuerpo terrenal, pero su belleza es completa y eterna. La belleza que no es atractiva para Dios terminará un día. La belleza del Reino de Dios es eterna. Podemos hacer y crear cosas que son bellas en ambos sentidos. Intenta verlo todo siempre dentro del contexto de la vida y la belleza eternas.

Blasfemia

Blasfemar o usar el nombre de Dios de forma estúpida no es bueno. Son costumbres que destruyen el lenguaje. La blasfemia usa de una manera sutil y profunda el nombre de Dios y su carácter en favor de nuestra propia vanidad. Si decimos que 'Dios me lo ha dicho' sobre algo que imaginamos o esperamos que ocurra, viene a ser como poner la firma de Dios a algo que hemos inventado. Es fraudulento y manipulador. Creamos a Dios de acuerdo con nuestra imaginación. La blasfemia es profecía falsa que crea confusión sobre Dios en la comunidad de Su gente. Evita la blasfemia.

Bondad personal

Hoy en día, los humanistas nos enseñan que debemos dar valor a nuestra bondad personal y debemos respetarnos a nosotros mismos. El apóstol Pablo nos enseña que nuestras buenas obras o nuestra bondad son como trapos sucios. Jesucristo pone a nuestra disposición la bondad verdadera. Podemos ser realmente bondadosos en Él y tener una esperanza realista, gozo y gratitud. La bondad y la vida no proceden del mundo natural creado o de nuestra propia naturaleza, sino del Creador. Si somos humildes y pobres en espíritu, podemos recibir de Jesús todo lo que necesitamos para la bondad y la vida. Confía en Él y sé feliz.

Casualidad

Dios puso la función de causa y efecto en la creación. No podemos observar o entender completamente la causa y el efecto. Según la observación humana, muchas cosas ocurren por casualidad porque son impredecibles. La casualidad no es un motivador o la causa de las cosas que pasan. Los acontecimientos ocurren a través de la casualidad y el tiempo, no por casualidad o tiempo. Si tiramos la moneda 10 veces, puede ser que percibamos una tendencia hacia cara o cruz. Con el tiempo, si seguimos tirando la moneda, esa tendencia desaparece. Nada ocurre por casualidad. Las cosas pasan por la Voluntad de Dios y la voluntad de sus criaturas personales.

Causa y efecto

Dios creó el universo con una ley de causa y efecto y continúa sosteniendo esa ley. Si un cristiano y un no-cristiano saltan de un edificio, ambos caerán hacia abajo, no hacia arriba. Si creas tu propia moral e identidad (come del árbol del conocimiento del bien y del mal), morirás. Cuando la gente vive las consecuencias de sus elecciones, la Biblia a menudo dice 'Dios lo hizo', porque la causa y el efecto proceden de Él. El hecho de que Dios sustenta la ley de causa y efecto no significa que nuestra participación en la historia y la responsabilidad por nuestras acciones sean eliminadas.

Ciberespacio

El ciberespacio es un tanto misterioso para la mayoría de nosotros. Y también lo es la parte sobrenatural de la realidad. La vida es dura y peligrosa. La muerte es fácil. La seguridad no está disponible en el mundo físico, en el ciberespacio o en nuestra realidad sobrenatural. Sólo hallamos seguridad en Jesús y Él está con nosotros en todas partes. Cuando pasamos tiempo en el ciberespacio (sea lo que sea), debemos acordarnos de Jesús, estar cercanos a Él y debemos incluirle en nuestras actividades. Siempre estamos en la presencia de Dios y no deberíamos pensar en darnos un respiro. ¡No queremos que Dios se tome un respiro de nosotros!

Ciudadanía en el Cielo

Le dijeron al niño que había un regalo para él encima del armario. El día de su cumpleaños no tuvo que subir a cogerlo; se lo bajaron y se lo dieron. Nuestra ciudadanía está guardada en el cielo. No tendremos que ir al cielo para obtenerla. Cuando Jesús aparezca y venga el reino de Dios, nos lo traerá aquí a la tierra. El Reino de Dios es Su Voluntad. Deberíamos vivir cada día de manera que Su Reino venga cada vez más a nuestros corazones, nuestras vidas y nuestras relaciones mientras esperamos su llegada.

Cómo sabemos y conocemos

Saber el significado de las palabras y comunicarlas es algo esencial pero inadecuado para conocer la verdad. Conocer a nuestros amigos es más que conocer sus nombres y lo que significan. Podemos conocer racionalmente, por experiencia, emocionalmente, socialmente y por revelación. Si esperamos mucho del lenguaje nos vamos a frustrar. Si no nos comprometemos con lo que decimos, seremos unos descuidados e inestables. El lenguaje debe ser atesorado fielmente y usado dentro del contexto de otras formas de saber. Todas nuestras formas de conocimiento están fundadas y apoyadas por el conocimiento que tiene Dios de nosotros. El saber empieza con Dios.

Comunión

La comunión es una comida familiar que los creyentes en Jesús comparten para recordar la encarnación y el sacrificio de Jesús y también para pasar un tiempo de compañerismo. Comer y beber son acciones cotidianas y básicas para la vida humana. Jesús no nos dio cosas naturales, como el agua de una fuente y frutas del bosque, sino cosas artísticas- el pan y el vino. Nosotros traemos a la comida lo que hemos creado usando lo que Dios ha creado. Esa comida está reservada tan sólo para aquellos que reconocen su necesidad del poder del cuerpo y la sangre de Jesús y de su perdón, restauración y vida nueva.

Conexiones espirituales

Muchas personas se preguntan si las distintas circunstancias y los diferentes acontecimientos tienen una conexión sobrenatural o "espiritual". Hay dos preguntas que nos pueden ayudar en la respuesta: ¿Existe algo que tú hagas o que te ocurra que no le interese a Dios? ¿Existe algo que tú hagas o que te ocurra que no le interese al diablo? Estamos conectados con la parte sobrenatural de la realidad todo el tiempo. La oración está siempre recomendada. No tenemos por qué vivir en una confusión de incertidumbre o preocupación. Estamos constantemente en batalla y deberíamos incluir siempre a Dios en nuestra situación. Ora sin cesar.

Confianza y seguridad

En tiempos de crisis y estrés, como lo es la pandemia de la COVID 19, nos cuesta tener confianza. Los gobiernos cometen errores, cualquier persona con la que nos encontramos puede contagiarnos y los que controlan nuestra vida online tienen diferentes intenciones. No podemos ver ni entender todos los detalles. Pero sí podemos ampliar nuestra perspectiva con la persona de Dios y sus promesas, el cual ha prometido guardarnos para que nada nos separe de Él. Todos esos detalles desconcertantes y estresantes de nuestra vida adquieren un significado real con la perspectiva de las promesas eternas de Dios. Pon tu mirada en Jesús. Recuerda que Él es poderoso y fiel y ten paz.

Confianza y pánico

Los cristianos viven en un ambiente tranquilo de confianza gracias al fiel poder de Dios nuestro salvador. No vivimos en un miasma de conspiración de pánico. Toda autoridad procede de Dios, pero no siempre se usa con perfección. Los gobiernos cometen errores. Se nos llama a ser astutos como serpientes y sencillos como palomas. Debemos dar a Dios lo que es de Dios y a César lo que es de César. No debemos condenarnos los unos a los otros por los límites que marcamos. Los cristianos deben bendecir su ciudad para que sea una bendición vivir en ella.

Consuelo

El consuelo de Dios no significa tan sólo tener abrigo, comida, salud y un trabajo seguro. Es mucho más importante que nuestros pecados estén perdonados, que Dios nos acepte y nos guarde en Sus brazos con su tierno poder. Todos tenemos problemas y preocupaciones. Es sabio pedir que Dios nos dé su consuelo y, a su vez, aceptar su abrazo como el hijo pródigo. Dios quiere darnos su consuelo. Si se lo pedimos, sabemos que lo recibiremos porque es lo que Él quiere. Confía en Dios y permanece cerca de Él.

Cultura

La cultura es cultivar cosas juntos y desarrollar lo que valoramos. Tenemos culturas de familia, deporte, negocios, nación. Hay culturas de vida y muerte, esperanza y desesperanza, el Reino de Dios y el reino de este mundo, amor y egoísmo. Los cristianos tienen el mandato de conocer la cultura que les rodea y contribuir a ella. La sal y la luz dan sabor y claridad al mundo. Cuando somos sal y luz, bendecimos la ciudad con los valores del Reino de Dios. La adoración de la cultura lleva a una cultura de muerte. Adorar a Dios lleva a una cultura de vida.

Dad gracias en todo tiempo

Los cristianos viven en muchas circunstancias diferentes: salud y enfermedad, riqueza y pobreza, seguridad y peligro, popularidad y aislamiento. Lo que todos los cristianos tienen en común es la Verdad universal y eterna de la salvación de Dios y el evangelio vivo de Jesucristo. Esta verdad se revela en cada circunstancia. Nuestras circunstancias, tanto si son agradables como no, pueden llevarnos a olvidar el amor de Dios y a ser desagradecidos. El amor de Dios envuelve todas nuestras circunstancias. No debemos estar agradecidos por todas las circunstancias porque algunas son malvadas. Si recordamos el amor de Dios, podemos estar razonablemente agradecidos, lo cual es algo saludable y alentador.

Desconfianza

La confianza es algo muy valioso, poderoso y frágil. La confianza en Dios es algo fundamental para la fe cristiana y para la vida. El diablo ataca constantemente la confianza para destruirla. Nos dice: "Así que Dios ha dicho…?". "Convierte estas piedras en pan". "Salta de un edificio para que Dios pruebe Su fidelidad". Durante la pandemia de la COVID debemos orar y luchar contra el aumento de desconfianza. La confianza es el fundamento de sociedades y economías. La amenaza contra la confianza es un gran peligro para todos nosotros. Esfuérzate en ser una persona fiable en lo que dices y haces. Sé parte de la solución.

Desobediencia Civil

La desobediencia civil es una opción en la vida cristiana, pero es discutible y requiere una claridad cuidadosa. Orar por los que tienen autoridad sobre nosotros es un mandamiento y nunca se pone en duda. Podemos ser muy activos a través de la oración por aquellos que están en puestos de autoridad, cualquiera que sea la situación, y podemos hacerles saber que les apoyamos de esa manera. En algunas ocasiones, la desobediencia civil es oportuna. Siempre es apropiado defender la posición de Dios y pedirle que Él también nos defienda. La oración puede guiar y orientar nuestras acciones. La acción sin la oración siempre es una equivocación. Haz de la oración y de la bendición de la ciudad tu prioridad.

Dos clases de personas

Hay tan sólo dos tipos de personas en este mundo- los que son conscientes de su necesidad de Dios (los pobres de espíritu) y los que no lo son (los ricos de espíritu). Los ricos dependen de sí mismos, de sus carreras y sus logros, sus clubs y tradiciones para su identidad y significado. Los pobres dependen de Dios en Cristo. Ambos grupos incluyen al rico y al pobre, al atractivo y al desagradable, al admirable y al desechado, al religioso y al menos religioso, al sano y al enfermo, al guapo y al feo. Normalmente juzgamos según las apariencias y nuestros gustos particulares. Dios juzga por el corazón. Sé pobre de espíritu y vive.

Egoísmo santo

Una pareja decidió ser más generosa con su tiempo, su dinero, el cuidado de otros y la oración. Dio más sin esperar nada a cambio. Entonces descubrieron que sus vidas, su paz y su bienestar habían incrementado. Con Dios no se puede dar nada sin que te sea devuelto en forma de bendición, tanto visible como invisible, presente o eterna. Cuando invertimos en el Reino de Dios estamos invirtiendo en nosotros mismos con la seguridad de una inversión rica. Todos aquellos a los que bendecimos vienen a ser parte de una rica corona de recompensa para nosotros. Cuando no somos egoístas permitimos que Dios moldee en nosotros nuestra persona.

Enfado y paranoia

Muchos de nosotros sufrimos ataques de pensamientos y sentimientos de ira y paranoia que son racionales tan sólo en parte. Llenan nuestra mente de oscuridad o de fuego y llenan nuestra vida de miseria y soledad. Esos pensamientos carecen de amor y no son productivos. Aunque es muy tentador, es una equivocación seguir esos pensamientos y llevarlos a cabo. Se nos prohíbe preocuparnos de eso. Podemos agotarnos en esa lucha. ¿Por qué no hacemos algo en vez de preocuparnos? Trae tus pensamientos a Jesús y deja que Él haga algo. Él te protegerá, te sanará, te perdonará, te consolará y te aceptará. Pruébalo. Que Dios te bendiga.

¿En paz o indiferente?

Se nos ha prohibido preocuparnos o estar ansiosos por nada y se nos ha prometido la paz de Dios en todas las cosas. A veces, tener paz nos lleva a la indiferencia o a desconectarnos. ¿Cómo podemos tener paz sobre nuestro trabajo o nuestra salud o un altercado en la familia o en la iglesia y seguir comprometidos y ser eficientes? Es una energía especial del Espíritu Santo, una actividad pasiva, una urgencia tranquila, una pasividad dinámica, la fe y las obras unidas en la vida cristiana. Pide esa clase de experiencia y búscala. Cuando descansamos en el Señor, recibimos energía para servir.

Entretenimiento y educación

El entretenimiento mantiene a la gente entre una parte activa de la vida y una caricatura de diversión suspendida en el tiempo. La educación incita a la gente a crecer en su concienciación, su compromiso y su aprendizaje. El entretenimiento puede hacer que la enseñanza sea más agradable, pero no puede reemplazarla. La diversión puede ser una bendición que engrandece nuestra vida. La educación siempre lo es. El entretenimiento deja a la gente donde estaba. La educación los mueve hacia adelante. El entretenimiento da a la gente lo que quiere. La educación da a la gente lo que necesita. Los que nos entretienen pueden ser famosos y ricos. Los educadores, creyendo en Jesús, bendicen y son bendecidos para siempre.

El cristianismo es normal y corriente

La experiencia más especial que le ocurrió a Pepe en toda su vida fue el convertirse a Jesucristo y el nacer de nuevo. Estaba muy emocionado y quería repetir esa experiencia de apasionamiento, lo cual conllevó un esfuerzo tremendo y a veces tenía que aparentar con sus amigos y consigo mismo. Con el tiempo, se fue dando cuenta de que las cosas especiales no proveían el orden ni la estabilidad que necesitaba. Los valores y las costumbres de la vida cristiana fiel y ordinaria se convirtieron en el fundamento fiable de su vida. Las experiencias especiales son propias de las ocasiones especiales. Lo cotidiano proporciona lo bueno, constante y fiel para nuestra vida.

El Espíritu sopla y vuela

En la Biblia, la palabra "espíritu" significa "viento" en hebreo y en griego. El Viento es una Persona con voluntad y Propósito. El Viento vuela como una paloma sobre las aguas de la creación, el diluvio y el bautismo de Jesús- tres comienzos nuevos. El Viento sopla y nos da aliento de Verdad, Sabiduría, amonestación, guía, consuelo y el nombre de Jesús. Él es el Espíritu de Jesucristo que proclama y señala a Jesús como nuestro Salvador y guía en nuestra vida. El Espíritu viene a nuestra vida, planta semillas y lleva fruto. Deberíamos atesorarle y amarle más.

¡El fin se acerca!

Muchos cristianos tienen un gran interés y preocupación por el fin del tiempo. La gente se pregunta si estamos en los últimos tiempos. Sí, estamos en los últimos tiempos desde que Juan escribiera el Apocalipsis. También escribió que estamos en la "última hora" hace 2.000 años. ¡El fin del mundo está cerca! "Fin" no significa "final" sino "cumplimiento" o llegar a la meta. Dios cumplirá su propósito en el mundo creado. Decir que el Final se acerca es decir que el Principio se acerca- el Principio del cumplimiento del Reino de Dios en la tierra. ¡Venga tu Reino!

El guardador de nuestro hermano

Muchos cristianos han sufrido bajo el peso de guardar a su hermano. Dios no le dijo a Caín que él era el guardador de su hermano. Caín sabía que sólo Dios puede guardarnos, por lo tanto, su pregunta era cínica cuando dijo "¿Soy yo acaso guarda de mi hermano?". Todos tomamos nuestras propias decisiones y vivimos con las consecuencias. Nuestra responsabilidad es amar a nuestro hermano y pedir a Dios que le guarde. Debemos cuidarnos, apoyarnos y orar los unos por los otros, pero no guardarnos. No somos los guardadores de nuestro hermano- bastante duro es ser su hermano.

El problema del bien

Si Dios es todopoderoso y bueno, ¿por qué hay maldad en el mundo? Si no fuera por la bondad de Dios, no sabríamos lo que es el mal. Todo sería normal y natural, como los volcanes, las puestas de sol y las serpientes venenosas. Una pregunta más apropiada sería: si todo tiende a enfriarse y se dirige hacia el caos, ¿por qué existe el bien? La naturaleza no es ni buena ni mala- simplemente es lo que es. El bien y el mal son energías sobrenaturales que trabajan en la naturaleza. El bien es original, empezando con Dios. El mal es una distorsión que Dios está corrigiendo.

El problema del mal

Si Dios es bueno y todopoderoso, ¿por qué existe el mal? Esta pregunta no puede responderse a menos que se dé por sentado que las personas son agentes responsables de sus acciones. Dios no nos hizo buenos automáticamente, sino con la responsabilidad de poder escoger el bien. A menudo no lo hacemos y por ello hay maldad. La historia es lineal y acumulativa. La maldad se acumula y afecta a todo el mundo. No somos culpables de lo que nos pasa, sólo de lo que elegimos y de lo que hacemos. Tenemos la tendencia a pensar en la maldad de otros. Si Dios hiciera algo para erradicar el mal, ¿qué pasaría contigo?

El significado del significado

Significado significa relaciones. Eso implica que nada tiene significado por sí mismo. El significado del color rojo no está en el color rojo, sino en su relación con el color verde, el azul, el amarillo, etc. El significado de Adán en la historia de la creación no se encontraba justamente en él mismo (no es bueno que el hombre esté solo). El significado de Adán se encuentra en su relación con Dios (aunque no es suficiente) y con Eva. El significado de Jesús no está en Jesús, sino en su relación con el Padre y con el Espíritu Santo. El significado es una función del amor.

El Templo del Espíritu Santo

Dios es el Dios de las relaciones y no está centrado en sí mismo. Él quiere que seamos igual a Su Imagen. El Templo del Espíritu Santo y el cuerpo de la esposa de Cristo no somos nosotros individualmente sino la comunidad de los hijos de Dios unidos en familia. Donde dos o más se juntan, Cristo y Su Espíritu están presentes de una manera más completa que cuando estamos solos. Podemos orar solos y el Espíritu nos bendice individualmente, pero nuestra vida eterna no es solitaria. Practica ahora para la eternidad.

Examinadlo todo

En la primera epístola a los Tesalonicenses, Pablo nos anima a examinarlo todo para no apagar al Espíritu ni ignorar las profecías. Si afirmamos todo lo que dice ser una profecía, todas las emociones y todas las experiencias con las que nos encontramos, nos salimos del enfoque de la verdad de Dios. El resultado de examinarlo todo debería ser primeramente retener todo lo que es bueno para que podamos identificar lo malo. Si nuestro objetivo es identificar lo malo, vamos a tener problemas para identificar lo bueno. El objetivo del examen es el aumento de nuestro amor.

Fundamentalismo

Todos somos fundamentalistas y tenemos principios fundamentales por los que entendemos el mundo y la vida. Los fundamentos que afirmamos y los fundamentos por los que llevamos a cabo nuestra vida son a menudo diferentes. Para un humanista, es fundamental que la gente sea buena; para un postmodernista, es fundamental que la gente se invente a sí misma; para un comunista, es fundamentalmente más importante la distribución equitativa que la producción; para un capitalista, la financiación y la libertad son básicas; para un cristiano es fundamental que la Verdad sea revelada y para un ateo, lo básico es que la verdad no es revelada sino descubierta. ¿Cuáles son los fundamentos de tu vida? ¿Eres fiel a ellos o eres inconsistente?

Jesús es la respuesta

Los niños de la escuela dominical pronto aprenden que "Jesús" es la respuesta a la mayoría de las preguntas. De hecho, eso es una verdad grande. El significado de la creación, el diluvio, la torre de Babel, el llamamiento de Abraham y la historia del pueblo judío, la ley del Antiguo Testamento y la vida humana en general se encuentran solamente en Jesús. Cuando entendemos a Jesús lo entendemos todo. Jesús es el centro de todas las cosas y da significado a todo. El centro no es un punto o un círculo egocéntrico, sino una Cruz y una Persona radiante que nos recibe con los brazos abiertos.

Justicia y amor

La justicia y el amor son muy similares. En la Biblia, la palabra "justo" no sólo significa equitativo y razonable. Significa apropiado y adecuado. Un ángulo justificado se ajusta al marco de la ventana. Una persona justificada se ajusta al marco del carácter de Dios y le pertenece a Él. Amar es escoger aquellas acciones que animan y apoyan a nuestros seres queridos para que lleguen a ser las personas que Dios quiere que sean. La justicia y el amor van juntas y trabajan para el bien común. Es difícil imaginar una sin la otra. Jesús nos justifica a través de su Amor. Vive como Jesús.

Justificación

Un ángulo recto (90 grados) es recto porque encaja en el marco de la ventana o de la puerta. Ser recto, o justificado en este caso, es ser hecho a la medida correcta para poder encajar en el Reino de Dios y ser más como Él. Deberíamos trabajar en obediencia para poder ajustarnos más a ese modelo. Esa es la parte fácil del proceso de ser justificados. La parte difícil o la parte más importante es que Dios nos dé un corazón nuevo y un espíritu recto y que nos limpie de las distorsiones del pecado a través de la sangre de Jesús, que nos guíe y anime a través del Espíritu Santo. Confía en el papel que juega Dios en tu vida para que tú puedas jugar mejor el tuyo.

Igualdad

Hay muchas maneras en las que la gente no es igual: en su salud, su inteligencia, su educación, su poder adquisitivo, sus antecedentes familiares y su herencia. Todos somos iguales en nuestra necesidad de la gracia divina y de la salvación. La justificación es como un globo lleno de aire. Si lo rompes con un martillo grande se convierte en una goma lacia. Ocurre lo mismo si lo rompes con una aguja. Mi necesidad del perdón de Dios es la misma que la que tiene un narcotraficante mafioso. Hay pecados que causan más daño que otros, pero todos acarrean la muerte. No podemos despreciar a nadie.

Información

La información es algo misterioso. No sabemos exactamente lo que es, pero nadie duda de su existencia. La información controla la materia, particularmente la materia genética, pero no hay evidencia de que la materia produzca información. Los materialistas creen que la materia produce información. Es más probable que la información sea sobrenatural, procedente de Dios, el cual sostiene todo a través del poder de Su Palabra. En el principio era el Verbo. En el principio era la información. El Verbo se hizo carne y habitó entre nosotros. No entendemos cómo puede ser esto, pero debemos ser agradecidos y confiar en esa Verdad. Es la mejor explicación de todo.

Invertir en la oración

Normalmente, la inversión siempre implica riesgo, tanto si invertimos en compañías o en relaciones personales. Cuando oramos corremos el riesgo de no obtener lo que pedimos o de confundirnos. Pero no hay peligro de que Dios no nos bendiga o haga nuestras vidas más auténticas cuando oramos. La oración es un tesoro. Allí donde esté nuestro tesoro estará también nuestro corazón. Cuando invertimos en otras personas al orar por ellos, la actitud de nuestro corazón hacia ellos cambia porque hemos invertido en ellos. Intenta orar por gente que es difícil o que te molesta y averigua qué pasa.

La gente es buena

Necesitamos bondad en nuestras vidas y en nuestro mundo. Esto hace que las personas manifiesten y crean que la gente es buena. Eso es una fantasía peligrosa, como el anunciar que las serpientes venenosas no son peligrosas. Si la gente es buena no necesita a Jesús, lo cual es una mentira terrible y mortal. Necesitamos una bondad perfecta y absoluta. Por desgracia, la gente no es lo suficientemente buena, pero por fortuna Dios sí lo es. Sólo Dios es bueno y es la medida de la bondad, no nuestros gustos, placeres o bienestar. Dios puede convertirnos en buenas personas si le dejamos porque Él es todopoderoso y auténticamente bueno.

La gracia

Una persona que cometió errores dañinos en el trabajo fue perdonada por su jefe porque le había contratado y formado y además creía que tenía mucho potencial. Eso es Gracia, dada por el poderoso al necesitado. Nosotros podemos dar Gracia a otros a través del poder del Espíritu Santo. Los cristianos débiles, simples y despreciados tienen el poder de Dios para dar gracia a cualquiera. Si los cristianos ven a la gente a través de los ojos de la Gracia, se convierten en la sal y la luz del mundo y en instrumentos de la Paz de Dios. Los débiles se esconden detrás de sus derechos o de su presunta superioridad. Los fuertes dan Gracia.

La hospitalidad

Recibir a los desconocidos (Hospes) o a los enemigos (Hostis) es una parte normal de la vida cristiana. La hospitalidad cristiana es recibir a aquellos que necesitan acogida y no pueden devolvernos el favor. Dar fiestas para los amigos no cuenta. Podemos recibir gente en nuestra casa, en nuestro tiempo o nuestra amistad. La hospitalidad es especialmente para nuestros hermanos en la fe, pero también para los no creyentes. La hospitalidad puede estar limitada por circunstancias familiares especiales de privacidad. La hospitalidad nacional en el Antiguo Testamento se conformaba dentro de la cultura y religión judía. Preparamos una cultura para las visitas en nuestras casas o comunidades. Las visitas no están invitadas a determinar nuestra cultura. Cultiva la xenofilia.

La ley de Dios sobre el amor

La Ley de Dios en el Sermón del Monte trata sobre nuestras relaciones afectivas. No trata sobre la nacionalidad, la geografía, la dieta, las ceremonias, la raza, la cultura o las tradiciones. Esas cosas son parte importante de nuestra vida cristiana, pero, si se inmiscuyen en nuestras relaciones afectivas, se convierten en idolatrías. No debemos ignorar ni eliminar estas cosas, pero debemos asegurarnos de que apoyan y fomentan las buenas relaciones. Todos los valores y las actividades de nuestra vida deberían estar a favor del amor. El amor se encuentra en la cima de la jerarquía y proporciona significado y vida a todo lo demás. Ten en mente el amor.

La oración y el ciclismo

Había una vez un adolescente que leía muchos libros y artículos sobre el ciclismo. Pensaba que sabía mucho sobre el tema. Un día se subió a la bici de un amigo y se cayó. Entonces se dio cuenta de que el verdadero conocimiento implica la acción. Otro día empezó a leer muchos libros y artículos acerca de la oración y el amor al prójimo y pensó que sabía mucho sobre el tema. Comenzó un blog sobre la oración y muchos participaron en la discusión. Entonces empezó a sentirse solo y aislado y se dio cuenta de que en realidad necesitaba orar de verdad y amar a la gente en persona.

Las promesas de Dios

Muchas de las promesas de Dios ya han sido cumplidas, bien para personas que vivieron hace mucho tiempo o bien para toda la comunidad. No pueden ser reclamadas por ningún individuo. Una promesa que podemos reclamar todos nosotros se encuentra en Filipenses 4:6-7. Dios promete que si ponemos todo en sus manos Él nos guardará en Jesucristo. Nuestra necesidad mayor es el ser querido, ser guardado y el pertenecer a alguien. Esa es la promesa que realmente necesitamos. Esa es la promesa que Dios siempre cumple con nosotros. Cuando reclamamos esa promesa, toda nuestra vida está guardada y sostenida por el amor de Dios.

Leer y escuchar

Es muy difícil leer y escuchar con claridad porque nuestras expectativas y suposiciones lo confunden todo. Cuando la gente nos habla y lo único que oímos es nuestra voz, la conversación es imposible y acabamos solos y alienados. Cuando leemos lo que queremos de un texto en vez de lo que realmente dice, también terminamos hablando con nosotros mismos. El amor no es egocéntrico. Si sacrificamos nuestra agenda y nos concentramos en el otro, nuestro entendimiento aumentará y ambos seremos bendecidos. No tenemos por qué estar de acuerdo con lo que oímos o leemos, pero necesitamos mirar más allá de nosotros.

Libertad para fracasar

Todos los cristianos son pecadores y están quebrantados. Dios quiere que seamos perfectos y no lo somos, lo cual es frustrante. Cuando los que no son cristianos fracasan, la identidad que han creado para sí mismos se derrumba. Cuando los cristianos fallan, pueden ser perdonados y restaurados por Jesús. No queremos fracasar en nada, pero Jesús nos da la libertad de fracasar sin pánico y continuar hacia adelante con esperanza y confianza. Cuando fracases, no te turbes con la pena. Trae tu fracaso abiertamente a Dios en oración. Ve el fracaso desde la perspectiva de la eterna gracia y del amor de Dios. Recibe su paz, consuelo y poder para tu vida.

Límites de la libertad

Mi libertad para darte un puñetazo termina en tu nariz. Mi libertad de expresión termina en la mentira y en la difamación. Cuando entendemos y respetamos las leyes de la mecánica, la física y la aerodinámica tenemos la libertad de volar a través del océano. Si ignoramos o violamos esas leyes nos caemos del cielo. Si nos salimos de los parámetros que Dios nos da para vivir, nos encaminamos hacia la muerte. Nosotros escogemos algunos límites. Algunos de ellos han sido puestos por Dios o por la sociedad en la que vivimos. Si intentamos vivir tan sólo dentro de los límites que elegimos, nos destruiremos a nosotros mismos y a otros.

Los deseos del corazón

"Deléitate en Jehová y Él te concederá las peticiones de tu corazón" Salmo 37:4. "¿A quién tengo yo en los cielos sino a ti?" Salmo 73:25. Esa es una promesa maravillosa. Existe una gran polémica sobre cuáles son los deseos de nuestro corazón que Dios nos va a dar. El texto lo explica claramente. Lo que deseamos es lo que nos deleita, por ello Dios nos promete darse a Sí mismo. Si poseemos pocas cosas, pero tenemos a Dios, somos ricos. Si tenemos mucho, pero carecemos de Dios, somos pobres. Atesora a Dios.

Migración

1. Accedemos a la vida a través del nacimiento y vivimos en una condición de muerte debido al pecado.
2. Luego podemos pasar de muerte a vida a través de la fe en Jesucristo.
3. Después pasamos de vida a muerte a través de la muerte natural.
4. A continuación, pasamos de muerte a vida con la aparición de Jesús y la restauración de todas las cosas.

Todos pasamos por las fases 1 y 3. Las fases 2 y 4 son opciones abiertas provistas por Dios. Algunos rechazan las fases 2 y 4, lo cual es algo muy triste. ¿Dónde estás tú en ese proceso? Asegúrate de no saltarte ninguna fase.

Nada es seguro

Su prioridad número uno era su seguridad y su protección. Pensaba que su trabajo era seguro, pero veía gente a su alrededor perdiendo los suyos. Pensó que su banco era seguro, pero leyó sobre escándalos y fracasos. Pensaba que su iglesia era segura, pero la gente cotilleaba y se peleaban y competían unos con otros. Pensaba que su salud y su seguro de vida eran seguros, pero había complicaciones. Se temía que nada ni nadie era digno de confianza. Entonces se acordó de que Jesús había demostrado su credibilidad al morir por ella y había prometido estar con ella siempre. Asentada sobre este fundamento era capaz de afrontar todo lo demás.

No lo sé

El decir "no lo sé" es un gran poder liberador de la fe cristiana. La gente que no tiene la paz de Dios se siente presionada a saberlo todo y a tener la razón todo el tiempo. La gente se avergüenza de su ignorancia, pero la verdadera pena es fingir el conocimiento. Necesitamos conocer a Jesús y eso no es solo un conocimiento intelectual o racional. No puedes buscar la sabiduría si no eres consciente de que no la tienes. Poca gente desea saberlo todo. Cuanto más te das cuenta de que no lo sabes todo, más rápido aprendes y ganas sabiduría.

Océano

En la mitología mesopotámica, el océano controlaba el caos: creando, rodeando y conteniendo la tierra y el mar. Llamado también serpiente, da a luz a dragones. En el templo de Salomón, el mar era el objeto más grande y el único que era asimétrico. Era absurdamente impráctico como objeto para lavarse. El mar u océano está totalmente contenido y controlado por el templo o el Reino de Dios. En el relato detallado de la visión de Ezequiel del templo, el mar no se menciona y en el libro de Apocalipsis se dice que el mar no existe más. Dios es mayor que todas las mitologías y las imaginaciones humanas y las consume en un control victorioso.

Orgullo

¿Por qué es la Biblia tan negativa con respecto al orgullo? Estar orgullosos de nuestras habilidades y nuestros logros es bueno y saludable. El orgullo puede ser algo superficial, como el estar orgulloso por el color de mis ojos o la suavidad de mi piel, las cuales no son habilidades ni logros. El orgullo puede ser vano, que significa vacío o inútil. El orgullo es algo natural, mientras que el ser agradecidos es algo espiritual. El orgullo en otros puede ser bueno pero una persona que "es orgullosa" es egoísta, autodependiente y acaba desmoronándose. El diablo es orgulloso y está muerto y quiere que nosotros también lo estemos. Jesús es humilde y está poderosamente vivo.

Pacto

Un pacto es como una oferta de trabajo del Dueño de una compañía. El Dueño nos ofrece pertenecer a una comunidad, protección, seguro, trabajo productivo y un plan de jubilación. El Dueño se da a Sí mismo en principios éticos, los cuales son una expresión de Sí mismo y nos da la labor de compartir Su Verdad por todo el mundo. Lo que se espera de nosotros es que creamos que el Dueño y la empresa son buenos y verdaderos y que nos comprometamos a vivir dentro de las pautas de la compañía. No se puede vivir en la empresa con diferentes normas. No podemos guardar el pacto perfectamente, pero Jesús lo ha guardado y podemos beneficiarnos de Su perfección.

Palabras y Sentimientos

Una vez hubo un niño que tenía ideas apasionadas y confusas sobre muchas cosas. Nadie era capaz de compartir sus sentimientos ni de expresarlos inteligentemente. Entonces alguien les ayudó a usar palabras fidedignamente y con claridad para poder expresarse a sí mismos y poder entender sus sentimientos. Cuando los sentimientos subjetivos consiguieron tener como compañero objetivo a las palabras estables, se hicieron menos preocupantes y controladores y más agradables y útiles. La unión entre sentimientos misteriosos y palabras claras produce un niño de paz para nosotros. Podemos escoger nuestras palabras, pero no escogemos nuestras emociones.

Parábola de la madre y el niño

Había una vez una mujer que tenía un niño pequeño. Amaba a su niño y sabía que un día tocaría el horno caliente en la cocina. Le rogó, le regañó y le suplicó que no tocara el horno. El día que el niño tocó el horno no fue culpa de su madre. A ella le dolió que él tocara el horno. El hecho de que ella sabía que un día él iba a tocar el horno no le quitó la responsabilidad ni su significado al niño. Cuando el niño pidió disculpas a su madre por haberle desobedecido, ella le dio un beso y le perdonó.

Parábola del dolor y la sanidad

Había una vez una niña pequeña que había sido dañada, rechazada y acosada de varias maneras. Construyó una muralla a su alrededor y de esa manera echó el dolor afuera. Su máxima prioridad era evitar el dolor. Otros problemas surgieron, como la soledad, la ansiedad y los temores. Estaba infeliz y enferma. Entonces se dio cuenta de que había estado intentando ser su propio dios y protector y se había convertido en una inválida. Volvió a Dios y confesó su pecado y fue perdonada. Se volvió a Dios confiando en Su protección y fue así cómo comenzó el proceso de sanidad y de identidad real en Jesucristo.

Parábola de una víctima

Había una vez un hombre que tenía varias dificultades personales y empresariales. Se le había enseñado que él era una víctima y que tenía derechos y legitimidades. Se preguntaba por qué Dios no le había dado lo que se merecía. La idea de que él fuera culpable de algo le resultaba una carga intolerable de deuda. Entonces se dio cuenta de que se podía permitir el lujo de ser culpable porque Jesús ya había pagado por todo. Podía encarar su propia responsabilidad por su vida libre y realísticamente, sabiendo que cualquier peso de culpa podía ser quitado de él. Así comenzó su sanidad.

Patriotismo cristiano

¿Cómo podemos los cristianos amar a nuestros países? Podemos orar por los líderes, incluso si nos persiguen. Podemos atesorar y luchar por nuestros matrimonios. Podemos hacer buenas obras. Podemos tomar el control al dar más de lo que se nos pide. Podemos bendecir a nuestros vecinos de palabra y con acción en el nombre de Jesús. Podemos encender una vela pequeña en vez de gritar insultos contra la oscuridad. Podemos desarrollar una reputación ejemplar por nuestro duro trabajo, nuestra ayuda y nuestra fiabilidad. Ora y busca la manera de ser parte de la solución en vez de parte del problema. Depende de Dios, de ti mismo y de otros más que de la ayuda del gobierno.

Pobre

Había una vez un hombre que era cristiano y sabía mucho sobre el cristianismo. Tenía altibajos en su vida y los llevaba a Dios en oración. Un día fue abatido por una depresión fuerte que le desesperó y le convirtió en un cínico. En su necesidad desesperada y confusa, clamó a Dios. Poco a poco empezó a ver que su necesidad mayor era la pobreza de espíritu. Cuanto mayor era su conciencia de su pobreza espiritual, más había del Reino de Dios en su vida. Dios puede usar cualquier cosa para bendecir a sus hijos.

Polémico

Hay muchos cristianos que temen decir o hacer algo que sea polémico y nos dicen que no lo hagamos. Si algo no es polémico, es universalmente aceptado. Hay muy pocas cosas que son aceptadas universalmente. Quizás estamos de acuerdo en ciertas cosas, como la gravedad de la tierra o que la noche sigue al día, pero no estamos de acuerdo con otras, como la edad de la tierra o su forma. No hay nada más polémico que el evangelio de Jesucristo. Los cristianos deberían ser pacificadores, pero no deberían pretender que hay paz cuando no la hay. La polémica es inevitable y estará con nosotros hasta que vuelva Jesús. Tener fe significa confiar en Dios cuando nuestra situación no es segura, no fingir que es segura.

¿Por qué?

"¿Por qué?" es normalmente un clamor agonizante. ¿Por qué yo? ¿Por qué esto? ¿Por qué ahora? Queremos entender las cosas como causa y efecto. Cuando le preguntaron a Jesús, en Juan 9, por qué un hombre había nacido ciego, él simplemente dijo "no busquéis una razón en el pasado, buscad un propósito en el futuro". Cuando preguntamos "¿Cómo usará Dios esto para el bien de las vidas de aquellos que le aman?" nos colocamos en la perspectiva del Reino de Dios y en su propósito. "¿Por qué?" puede ser una expresión de desesperación porque sabemos que no hallaremos la respuesta. "¿Para qué?" expresa esperanza y confianza.

Predestinación

Dios toma decisiones en la eternidad con repercusiones en todo el tiempo. Puede ver y conoce el tiempo desde su comienzo hasta su final porque Él lo hizo. Nos ha conocido desde antes de que naciéramos. Su conocimiento del futuro y la predestinación trabajan juntos. Tomamos decisiones en el tiempo y siempre se nos invita a escoger a Dios. Desde la perspectiva del tiempo, siempre podemos vivir con esperanza. Sabemos que Dios nos ha escogido o predestinado cuando le escogemos a Él, lo cual no podríamos hacer sin su ayuda y llamamiento. Si le escogemos, Él nos acepta. Escoge a Dios.

Preguntas y bendiciones

Los cristianos a menudo comparten sus experiencias y creencias cuando hablan con familiares o amigos no cristianos. Puede que lo que contemos sea verdad, pero resulta fácil que nos digan "no" a ellas. Es más difícil decir "no" a preguntas. Las preguntas pasan desapercibidas y abren la puerta al Espíritu Santo para que trabaje en la mente y el corazón de las personas. Haz preguntas acerca del don del significado, el propósito, la identidad y deja que ellos piensen acerca de esas cosas. Cuando te hagan preguntas, predica a Cristo, porque tienen hambre. Las preguntas estimulan el apetito. Pide a Dios que te dé preguntas efectivas. Ama a tu prójimo.

Probar y tentar

La prueba o examen (Dokimazo en griego) busca lo bueno. La tentación (Peirazo en griego) busca lo malo. A veces estas dos palabras se traducen de la misma manera. Dios siempre nos está examinando para probar y demostrar que nuestra fe es robusta y que hemos madurado. Debemos examinarnos unos a otros para descubrir lo que es bueno. Somos tentados a tentarnos unos a otros para averiguar lo que es malo y así sentirnos mejor. Muestra a las personas lo buenas que son y anímales a ser mejores con la ayuda de Dios. Levanta a las personas, no las derrumbes.

Querer lo que Dios quiere

Dios ha prometido que si pedimos lo que Él quiere que tengamos, nos lo dará. Está claro que Dios quiere que todos crezcamos en los frutos del Espíritu y en los valores de las Bienaventuranzas y que nos amemos unos a otros. No está claro que Dios quiera que seamos sanados o que consigamos el trabajo o la visa o que aprobemos el examen. ¿Qué más sabemos sobre lo que Dios quiere para nosotros según las Escrituras? Pide lo que Dios quiere y todo lo demás se enfocará en Su Reino.

Raza

La raza no parece ser un factor en el Reino de Dios. Dios ama a todos. Todos necesitamos a Dios. Dios parece ser daltónico. Dios es el gran nivelador: los ricos son pobres; los pobres son ricos. Ni el color, historia familiar, educación, religión, antecedentes, ideas políticas, derechos o privilegios parecen tener importancia. No somos salvos o nos perdemos por lo que hay en el pasado sino por lo que hay en el futuro. Todos somos iguales para Jesús. Pensar de otra manera acarrea problemas. La sanidad puede ser dolorosa y temible. Dejemos que el Espíritu Santo nos ayude a entender esto en nuestra mente y en nuestro corazón.

Relevante

¿Es la Biblia relevante en nuestra cultura y sociedad? Esta pregunta da por sentado que nuestra cultura y sociedad son la medida de la verdad y la realidad y se pregunta si la Biblia se puede ajustar a ello. El cristianismo es radical y supone que la Biblia describe la verdad y la realidad. Los valores de la Biblia son absolutos y eternos, mientras que los valores alternativos de cualquier cultura humana son relativos y temporales. Si la Biblia es verdad, deberíamos medir nuestra cultura de acuerdo con los principios bíblicos y no al revés. ¿Tu cultura personal y social son relevantes al Reino de Dios? Piensa en ello.

Religión o idolatría

Con el paso del tiempo, los cristianos han ido desarrollando diversas maneras de responder a la salvación de Dios, lo que podemos llamar religión. Incluyen la arquitectura, las liturgias, los rituales, las ceremonias, las tradiciones, las pinturas, las esculturas, las ventanas, las ropas especiales, los credos, los catecismos, la música y otras cosas. Dios es Amor. El evangelio de Jesucristo es Amor. Debemos recapacitar y orar para saber cómo todas esas prácticas religiosas nos dirigen y apoyan en el amor fraternal. Si lo hacen, son una bendición. Si no, pueden ser una idolatría o un escapismo que nos distraen de la verdad. No abandones la religión, pero asegúrate de que es una bendición para ti.

Religión

La religión puede ser un sistema de actividades que intentan conectar a la persona con la verdad absoluta o una devoción fiel a ciertos principios básicos (como el comunismo). Normalmente implica lo sobrenatural. La base del cristianismo es que Dios ha conectado con nosotros a través de Su Palabra en la creación, la encarnación de Jesucristo, la Biblia y la actividad del Espíritu Santo. El cristianismo empieza con el acercamiento de Dios hacia nosotros, no con nuestro intento de llegar a Dios y por ello es diferente a la religión. Todo empieza con el Amor de Dios. No empieza con nuestro esfuerzo o sistema. Deja que Dios te encuentre.

Restricciones

Cada vez más, la gente se ofende con las restricciones y reclaman mayor libertad en sus vidas, especialmente en cómo se identifican a sí mismos. Cuando alguien tiene la libertad de conducir un coche, debe aprender y cumplir las muchas restricciones. Liberarse de las restricciones llevará a la muerte al conductor y a otros. La libertad para usar el lenguaje humano requiere que nos sometamos a muchas restricciones, de otra manera no habrá comunicación. Las restricciones determinan la realidad viva de nuestras libertades. Dios nos pone muchas restricciones en la Biblia. Éstas no son para achicar la vida sino para que la vida sea posible y esté claramente definida. Acepta las restricciones que Dios pone y vive.

Revelación

Algunos de los acontecimientos que tienen lugar en el libro del Apocalipsis ocurren en la tierra y otros ocurren en el cielo (las dimensiones sobrenaturales de la realidad). Las cosas que pasan en la tierra ocurren en el tiempo, mientras que las que acontecen en el cielo ocurren en la eternidad. El dicho "un día es como mil años y mil años son como un día" describe la relación entre el tiempo y la eternidad. ¿Podríamos medir lo que pasa en el cielo con un calendario? Probablemente no. Los acontecimientos son reales y verdaderos, aunque nosotros no podamos imaginarlos o medirlos completamente. Vivimos por fe y no por vista.

Riesgo y confianza

Las riquezas de las naciones y toda relación buena están fundadas en la confianza. Con la confianza hay normalmente algo de riesgo: las acciones pueden perder valor, la plantilla puede reducirse, la pareja puede morir, el amigo puede cambiar, la iglesia puede dividirse. Es bueno que analicemos los riesgos y seamos realistas en cuanto a nuestros deseos y esperanzas. Si nuestras vidas están fundadas y enmarcadas en las promesas de la salvación de Dios y de su cuidado, podemos atrevernos a confiar y a arriesgar. En esto, el riesgo es de cero. Dios no va a morir, fallar o cambiar. Vive centrado en la única relación libre de riesgo.

Sabiduría

Había una vez un pastor muy inteligente, bien formado y con mucho talento. Conocía la Biblia y podía explicarla bien. La iglesia se beneficiaba de su trabajo y de su servicio. Un día recibió a una nueva feligresa, la cual no era muy inteligente ni estaba bien formada ni tampoco tenía muchos talentos. Ella se pasaba mucho tiempo orando por las personas, animándolos y ayudándolos como podía. A través de la fraternidad con esta feligresa, y al seguir su ejemplo y apoyo, el pastor también creció en sabiduría. La inteligencia tiene valor, pero sin sabiduría no tiene valor completo. La sabiduría sin la inteligencia tiene valor completo. Aprendamos los unos de los otros.

Santificado sea Tu Nombre

El nombre no es tan solo una etiqueta. Es también el carácter y la reputación. "Santificado sea Tu Nombre" no es un piropo o una afirmación. Es una petición de que el Nombre de Dios sea santificado, o conocido como santo, en la tierra. Esa es la primera petición en el Padrenuestro porque es nuestra necesidad mayor. El Nombre de Dios se conoce a menudo como "mito" o "opcional" o "fantasía". Este error impide que la gente se llegue a Dios. La principal tarea de la gente de Dios, desde Abraham hasta ahora, es vivir y hablar para que Su Nombre sea conocido como Santo.

"Sé lo que me gusta"

Toda forma de vida sabe lo que le gusta. La mayoría de nuestros gustos no tienen sentido y no son racionales. Podemos fingir que nos gusta algo porque "se espera que nos guste". El que no nos guste algo no significa que no lo entendamos o apreciemos. Si a una persona le gusta algo que a nosotros no nos gusta, nos parece raro. Puede que no puedan explicarnos por qué les gusta eso. Gustar significa disfrutar o sentir atracción por algo. Disfrutamos del pecado, si no fuera así no lo haríamos. El que nos guste algo nos informa acerca de nosotros mismos, no sobre aquello que nos gusta.

Sigue los deseos de tu corazón

Este es un consejo muy popular. Expresa la creencia humanística de que existe el bien dentro de todos, el cual puede guiarnos de forma infalible y auténtica en nuestras vidas si realmente lo buscamos dentro de nosotros. Si la Biblia es verdad, nuestro corazón es engañoso y no debemos confiar ni depender de él. Debemos confiar en la Palabra de Dios y examinar todos los impulsos de nuestro corazón con ella. Creer que lo que nos parece bueno es bueno es algo atractivo. Mis sentimientos expresan "mi verdad", lo cual me aísla de la verdad de otros. Tu corazón te dirá muchas cosas. Examínalas todas.

Suerte

Mucha gente no cree en Dios. Igualmente, a veces yo les digo "que Dios te bendiga" porque yo creo en Dios y creo que Él puede bendecirles. Mucha gente me dice "buena suerte", a pesar de que yo no creo ni en la suerte ni en la casualidad. La casualidad siempre funciona al 50-50, por ello nada ocurre por casualidad. La gente piensa que la suerte es una fuerza de un universo mecánico e impersonal que dirige sus vidas o es la fortuna personalizada. La esperanza o el deseo de tener buena suerte es aleatorio y desesperanzado. Vivimos en una realidad personal donde Dios lo ve todo y se cuida por todo. Dios te bendiga.

Tierra, Aire, Fuego y Agua

Dios ama a la Tierra y nos hizo de ella. El cuerpo resucitado de Jesús podía ser tocado; podía comer y trabajar. A través del Aire llega el Viento del Espíritu, el Cual nos señala a Jesús, nos enseña y nos da el fruto santo. El aliento de Dios nos da vida. El Fuego es para limpiar, revelar o destruir. El Fuego nos muestra la aguja en el pajar de nuestros pecados. El Agua destruyó la tierra una vez y ahora nos limpia y refresca. Nuestro Dios es soberano sobre la Tierra, el Aire, el Fuego y el Agua y los usa para obrar Su Voluntad.

¿Uno, dos o tres?

Si "todo es Uno", todas las relaciones son malas e irreales. Si todo es dos, no hay subjetividad, solo dualidad. No era bueno que Adán estuviera solo porque "Sólo Dios es Dios y Dios no está solo". Sólo el Dios de la Biblia es la base razonable y la explicación de la realidad que experimentamos. Dios es Amor porque es Tres y ama entre Sí mismo. Hay bien en nuestra maldad y en el ruinoso mundo porque Dios existe. Confía en Él, Padre, Hijo y Espíritu Santo. Adora y obedece solo a Él. No aceptes sustitutos falsos.

Valor y deseo

El deseo incrementa el valor percibido inmediatamente. Allí donde esté tu corazón estará tu tesoro. Te dedicarás a lo que quieras. Podemos seguir los deseos naturales que van y vienen, o podemos aprender a desear lo que Dios desea para nosotros y así estar estables en Su Verdad y Amor. Si queremos lo que Dios quiere, todos nuestros otros deseos y valores se posicionan y enfocan en su sitio correcto. Para nosotros esto es algo imposible, pero podemos pedirle a Dios que nos ayude a querer lo que Él quiere, y Él lo hará. Desea lo que Dios desea.

Varón y hembra

La idea de que las personas son varón o hembra limita nuestra libertad. La idea de que la gravedad sólo tira hacia la tierra también limita nuestra libertad. Nuestras limitaciones nos definen e identifican tanto como nuestras posibilidades. Si no hay limitaciones no hay identidad. La Biblia dice que Dios predispuso hacer el varón y la hembra a Su Imagen. La ciencia biológica y genética confirman la polaridad genética de los animales. La Biblia y la Ciencia están de acuerdo. El género es algo que recibimos, no algo que escogemos o inventamos. Las alternativas imaginarias de género son construcciones sociales y psicológicas.

Victoria durante la COVID

No todas las cosas son buenas. Dios obra a través de todas las cosas para el bien de los que le aman. Busquemos y recibamos la victoria de Dios en nuestra vida durante la epidemia de la COVID. ¿Te está enseñando el Espíritu Santo a atesorar y desarrollar tus relaciones a consecuencia de las restricciones? ¿Te está enseñando paciencia, fidelidad y amabilidad? La epidemia de la COVID se acabará un día. Las victorias de Dios en nuestra vida no acabarán. ¡Alégrate! Podemos pedirle a Dios que se acabe el virus. Dios no nos da todo lo que queremos. Nos da todo lo que Él quiere, lo cual es mucho mejor. Ama a Dios y deja que Él te ame a ti.

Vocación

Hay vocaciones generales y corrientes que los cristianos tienen en común, y vocaciones especiales para cada individuo. La vocación general, que da orden a nuestra vida, es creer en Jesús, ser hijos de Dios, amarnos unos a otros y llevar los frutos del Espíritu. Vocaciones especiales son, por ejemplo, casarse, estudiar medicina, ser fontanero, tener un puesto en la iglesia, ser un empleado fiel, ir de misión o crear una ONG. Si el concentrarnos en una vocación especial interfiere con el amarnos unos a otros, perdemos de vista la vocación ordinaria y nuestras vidas se estropean. Cuando guardamos las cosas importantes recibimos bendición.

¿Y qué pasa con aquellos que nunca han oído? (Parte I)

Muchos cristianos sensibles se preocupan de aquellos que nunca han oído el Evangelio, leído la Biblia o conocido a un misionero. Lo básico que uno necesita saber para ser salvo es que están perdidos y que necesitan que Dios les perdone y restaure. Dios comunica esto a toda persona de diversas maneras: la Biblia, la conciencia, los sueños, la convicción del Espíritu Santo. La cuestión es cómo responde la gente. En Romanos 1 leemos que nadie tiene excusa. Es urgente que demos más oportunidades para que la gente responda a través del trabajo misionero en todo el mundo.

¿Y qué pasa con aquellos que nunca han oído? (Parte II)

El reconocer que necesitamos a Dios es esencial para la salvación. Cualquiera que sepa eso y busque a Dios será salvo. Tener una Biblia y oír el evangelio no es suficiente. Dios usa diversas maneras de hacer saber a la gente que tienen necesidad de Él: la Biblia, otras personas, la creación que nos muestra lo inconsistente e infieles que somos, la convicción del Espíritu Santo. Dios no controla la respuesta de la gente. Algunos le rechazan, aunque Dios nos dice a todos que le necesitamos. Es importante que otros oigan de nosotros acerca de la verdad y el amor de Dios a través de Jesucristo.